LA
PLAINE DU CHÉLIF

DESCRIPTION PHYSIQUE

CLIMAT — LE CHÉLIF — IRRIGATIONS

CONDITIONS GÉNÉRALES DE LA CULTURE

PROPRIÉTÉS CRÉÉES PAR M. POURCHER

NOTICES SUR LES PRODUITS AGRICOLES

VIGNE — BÉTAIL

ALGER

IMPRIMERIE ORIENTALE PIERRE FONTANA ET Cⁱᵉ

29, Rue d'Orléans, 29

1900

LA
PLAINE DU CHÉLIF

DESCRIPTION PHYSIQUE

CLIMAT — LE CHÉLIF — IRRIGATIONS

CONDITIONS GÉNÉRALES DE LA CULTURE

PROPRIÉTÉS CRÉÉES PAR M. POURCHER

NOTICES SUR LES PRODUITS AGRICOLES

VIGNE — BÉTAIL

ALGER

IMPRIMERIE ORIENTALE PIERRE FONTANA ET Cⁱᵉ,

29, Rue d'Orléans, 29.

1900

DESCRIPTION

DE LA

PLAINE DU CHÉLIF

CLIMAT

Parmi les régions du Tell algérien où la colonisation s'est implantée, la région qui est désignée sous le nom de *plaine du Chélif*, du nom du fleuve qui la parcourt, se présente avec des caractères très particuliers, soit comme configuration géographique, soit comme climat.

Cette immense plaine appartient par fractions à peu près égales, à l'Ouest, au département d'Alger et à l'Est, au département d'Oran.

Elle commence, à l'Est, au pied des derniers contreforts du massif montagneux du Titteri (région de Médéah) ; puis elle se développe dans une direction constante vers l'Ouest, au moyen de quatre immenses anneaux de forme quasi elliptique dont les soudures sont à Duperré, à 55 kilomètres de l'origine ; à l'Oued-Fodda, à 40 kilomètres plus loin ; puis au Merdja-Charon, à 50 kilomètres ; et enfin à la rencontre des deux vallées du Chélif et de la Mina, son dernier affluent, vers Mostaganem, à 75 kilomètres.

Son *altitude* varie et décroît de 310 mètres à sa naissance vers l'Est, à 35 mètres jusqu'à sa confusion avec la vallée de la Mina à l'Ouest, à 30 kilomètres de l'embouchure du Chélif.

Au Sud, cette plaine est limitée par un massif montagneux assez tourmenté présentant à l'arrière-plan des sommets élevés, et qui est formé par la succession des monts du Titteri (1,200 mètres); des monts du Douhi 1,000 mètres) et par l'important massif de l'Ouarsenis dont le pic principal domine par une altitude de 2,000 mètres toute cette chaîne du Sud, traversée de vallées étroites d'où s'échappent les seuls affluents sérieux du Chélif.

Cette longue assise, d'une largeur de 40 kilom. environ, n'est pas d'ailleurs exclusivement montagneuse Elle est, en effet, entre coupée de maintes petites vallées et de plateaux secondaires fertiles, très propices à la colonisation. Elle sépare la région du Chélif d'une autre région intéressante de colonisation, le Plateau du Sersou, qui forme vers le Sud, par une altitude de 900 mètres, un nouveau gradin pour accéder à l'immense étendue des Hauts-Plateaux et des Steppes. Et cette dernière région elle-même n'est pas sans attirer notre attention par sa configuration générale en forme de longue cuvette piquetée en quelque sorte à sa partie médiane et déprimée, (encore à 850 mètres d'altitude) par la succession des Chotts, depuis le Chott El-Gharbi à la frontière marocaine, jusqu'au Chott El-Hodna, vers les montagnes de l'Aurès (province de Constantine).

En ce qui concerne la région du Chélif, si cette heureuse disposition orographique au Midi y tempère la violence des vents du Sud, par contre, au Nord, le bourrelet continu et assez régulier, sans aucune coupure jusqu'à la mer, des collines moins élevées qui la délimitent de ce côté, arrête, retarde ou attiédit, en été, les brises soufflant du large. Ce bourrelet la sépare en effet du plateau accidenté du Dahra, qui occupe sur une largeur à peu près constante de 35 à 40 kilomètres, tout l'espace compris entre notre plaine et la mer, et vers le milieu duquel s'élèvent, pour aggraver cet obstacle, des sommets variant depuis 1.500 mètres (le Zaccar près Milianah à l'Est) jusqu'à 450 mètres (collines de Cassaigne vers l'Ouest); lesquelles, après le confluent avec la Mina, rétrécissent brusquement la vallée du Chélif.

Cette plaine se présente donc comme un long couloir de 225 kilomètres, sur des largeurs variant de 8 à 15 kilomètres de Lavigerie à Duperré ; de 10 à 12 kilomètres de Duperré à l'Oued-Fodda ; de 12, 18 et 25 kilomètres du Merdja au confluent de la Mina.

Cette configuration explique *son climat* : doux et agréable d'octobre au 15 mai (température moyenne à l'ombre extérieur, minima 8°, maxima 18° à 25°) ; chaud du 15 mai à fin juin — 18° à 30° — ; pénible de juillet à septembre 30 à 35° et plus.

Les *pluies* n'y ont accès facile que par le débouché Ouest, entre les collines de Cassaigne au Nord et celles des derniers contreforts de l'Ouarsenis au Sud. Au cœur de l'hiver, elles abordent aussi par le Nord, lorsqu'un gros temps les pousse par delà la bordure de 40 kilomètres, constituée par le plateau élevé du Dahra. Rarement elles viennent de l'Est. Il s'ensuit que dans certaines années, si les pluies tombées sont strictement suffisantes pour faire aboutir les récoltes, leurs chutes trop espacées, alternées avec les vents peuvent occasionner, au printemps, des périodes sèches assez longues (7 à 8 semaines) capables de compromettre le développement des récoltes préparées en terres non-irrigables.

Toutefois cette région, j'oserai presque dire ce climat, présente en compensation des avantages indéniables. D'abord, son sol généralement argilo-calcaire et argilo-siliceux est d'une fertilité exceptionnelle. Les exploitations agricoles bordant le fleuve se pratiquent sur une épaisseur de terre végétale variant de 7 à 12 m., sans la moindre trace de gisement pierreux. La culture y est partout facile, peu couteuse grâce à l'extrême régularité de la surface cultivable, et au fonctionnement rapide de tous les engins agricoles perfectionnés et à grand travail.

L'*air* y est dépourvu de cette impression d'humidité qu'on ressent dans les régions plus voisines de la mer, et dans les plaines plus basses avoisinant des terrains marécageux, ou conquises sur ces mêmes terrains qu'on n'a pas pu toujours bien complètement dessécher. Or, c'est bien cette siccité relative de l'air, sa translucidité qui assurent incontestablement les avantages de conservation et de qualité que tous reconnaissent à toutes les productions provenant de la plaine du Chélif.

D'autre part les brusques refroidissements de température qui, au printemps et sous le caprice des vents, alternent avec des apparitions passagères de chaleurs accentuées, variations qui représentent comme la lutte d'un hiver faiblissant contre les attaques d'un Eté trop pressé de dominer en maître ; ces variations, dis-je, n'engendrent pas chez nous comme dans les régions voisines plus élevées et plus tempérées, ces accidents météorologiques si désastreux aux cultivateurs, j'ai désigné la grèle. La *grêle* est à vrai dire inconnue dans la plaine du Chélif.

Le *bétail* n'y est pas sujet aux maladies ; sa rusticité, son engrais rapide, la qualité de sa viande ne sont pas contestés.

Les *céréales*, blés tendre et dur, orge, avec leurs tons lustrés et clairs, sont recherchés avec prime de 0,75 à 1,50 sur les cours, par le commerce et par les minotiers surtout, qui savent qu'ils peuvent conserver sans risques ces provenances, d'une récolte à l'autre.

Les *fruits* et les *légumes* bien soignés y sont savoureux et leur conservation est remarquable. J'ai reconnu cette qualité aux fruits les plus susceptibles : oranges, poires, même aux figues noires et blanches.

Enfin, la *vigne* y est indemne des maladies cryptogamiques qui accablent les vignobles des autres plaines. L'altise, ce fléau des viticulteurs algériens, y est presque inconnue ; elle ne peut foisonner dans ce milieu non humide, dépourvu de végétations herbacées parasites.

La consécration tangible de ces avantages, non absolument contrariés par les inconvénients climatériques cités plus haut, réside dans ce fait que nombre de colons laborieux mais travaillant avec prudence, entendement et esprit de suite, ont acquis dans notre plaine une aisance très large, y ont même réalisé des fortunes réelles. Que d'exemples, que de noms je pourrais citer.

La région du Chélif possède deux sur trois des éléments naturels nécessaires à la prospérité d'une intense colonisation : la terre fertile, le soleil fécondant. La mise en œuvre du troisième élément, l'*eau*, doit décupler les forces, varier et multiplier étonnamment les productions.

Dans la plaine du Chélif, avec l'eau on peut tout.

Or, nulle part que dans cette région, réputée sèche sans plus d'examen, l'eau n'est plus abondante ni plus facile à capter, ni enfin d'une utilisation plus commode et d'une application plus urgente.

Le remède a été placé complaisamment à côté du mal.

Les vallées affluentes débouchant des hautes montagnes du sud, et leurs rivières importantes : l'oued Deurdeur, l'oued Rouïna, l'oued Fodda, l'oued Sly, l'oued Riou, la Djidiouia concourent à l'énorme débit du fleuve Chélif, qui met à la disposition de nos ingénieurs des masses considérables d'eau à dériver au profit des établissements de colonisation. Le Chélif, au fort de l'été, débite encore 1,600 litres à la seconde ; durant quatre mois d'hiver et de printemps, ce débit atteint 8,000 litres à Orléansville. Il est notablement dépassé quand le fleuve traverse la passe montagneuse à 6 kilomètres en amont du Merdja, alors qu'il a reçu les apports des six affluents secondaires depuis Orléansville, sans compter l'oued Sly.

Et d'ailleurs, ces masses d'eau que roule le Chélif à la mer, constituent-elles bien les seules ressources hydrauliques de cette région à mettre au service d'une agriculture développée ?

L'énorme courant du fleuve, en hiver, frappe la vue ; on peut en supputer le volume ; mais il est une autre réserve considérable, qu'on ne peut jauger, et dont on ne peut que très vaguement apprécier l'importance par les essais artésiens qui ont été tentés et auxquels j'ai pris une grande part.

Sur la rive droite du Chélif donc, dans la moitié longitudinale de cette partie de la plaine qui s'étend du Merdja jusqu'à son extrémité ouest, à Bel Hacel, sur la Mina, une nappe aquifère à l'allure artésienne a été découverte vers le centre de ce parcours, près d'Inkermann.

En 1878, un sondage fut opéré par les Ponts et Chaussées, à quelques mètres du courant du Chélif, à l'effet de reconnaître la nature des terrains dans lesquels devaient être enfoncés les pilones du pont métallique de 120 mètres à construire près de ma ferme Lakal pour la route d'Inkermann à Renault (Dahra).

Ce forage déboucha une nappe aquifère dont le débit considérable s'échappait par un tube de $0^m 20$, à une hauteur de 3 mètres environ au-dessus du niveau du courant.

C'était pour moi une indication précieuse. En septembre 1879, acquéreur du domaine de Lakal, dépourvu d'eau, contigu au pont et traversé par ladite route; dès janvier 1880, par ma seule initiative, à mes frais exclusifs, je mettais en œuvre, à 50 mètres de mes bâtiments, au centre des alluvions siliceuses destinées aux plantations fruitières, maraîchères et aux cultures d'été, je mettais en œuvre, dis-je, un premier forage, tenté cette fois à 250 mètres du Chélif. Celui-ci, poussé jusqu'à 30 mètres, donna issue à un fort courant d'eau souterraine débouchant seulement alors à une profondeur de $5^m 50$ en contrebas du sol. Peu de temps après, les obstructions du sondage étant écartées, l'ascension de l'eau se produisit définitivement à plein tube de $0^m 16$ jusqu'à $0^m 75$ en dessous du sol. Et depuis 20 ans, ce niveau et ce débit, provoqués par l'aspiration pratiquée au moyen d'une noria à godets de 14 litres, ont certainement augmenté.

En août 1886, il m'a été donné de constater que le débit de ce puits se déversant dans un vaste puisard, tenait coup à la double aspiration simultanée de la noria précitée et d'une pompe centrifuge actionnée par une machine à vapeur, et suffisait à alimenter trois canaux portant l'eau dans trois directions divergentes.

Le forage a traversé d'abord une couche de 4 à 5 mètres d'alluvions sableuses, puis des couches de sables jaunâtres mêlés d'argile jusqu'à 27 mètres ; enfin il atteignit un gisement de galets puis de roche très dure jusqu'à 29-30 mètres. L'eau est pure, limpide, légère, débouchant avec une température constante de 22 degrés en été comme en hiver.

Cette heureuse expérience décida peu après M. Passini en 1880, puis M. Rouvières et M. Ramier en 1882 et 1883, tous propriétaires voisins, à tenter dans les mêmes conditions, c'est-à-dire à peu de distance du Chélif et dans les fausses berges du fleuve, situées à 500 et 800 mètres en aval du point où j'avais opéré, de nouveaux forages. Ils eurent un plein succès, et encore en 1900, leur même débit se maintient considérable et très suffisant pour entretenir plusieurs hectares de cultures irrigables.

Puis M. Philibert et M. de Villeneuve, propriétaires à l'amont, obtinrent le même succès, sur la rive gauche, dans de semblables emplacements distants de 3 et 4 kilomètres de mon premier puits.

Enfin, en 1885 et 1886, en vue d'irriguer une fausse berge de 12 hectares, située rive droite, à 800 mètres de mon premier sondage, j'entreprenais le forage de trois autres puits ; et toujours à la même profondeur : 29 ou 30 mètres, je retrouvais la nappe ascendante arrivant jusqu'à $0^m 50$ en contrebas du sol.

Des circonstances fâcheuses, des contretemps inouïs m'ont empêché de maintenir en bon état d'usage ces trois derniers puits. J'ai tenu à préciser dans un mémoire spécial le récit de toutes les péripéties de mes divers travaux hydrauliques et artésiens. Presque chez tous les propriétaires précités ces divers puits suffisent encore à l'entretien des cultures irrigables et extensives assez étendues qui occupent les fausses berges au milieu desquelles ils débouchent.

Peut-être ne serait-il pas impossible, au moyen de quelques travaux d'adduction, de pouvoir en appliquer le débit à des cultures plus ordinaires pratiquées sur les hautes berges, qui ne dominent que de 4 à 5 mètres les basses berges exclusivement irriguées jusqu'alors. Le débit maximum de ces puits peut atteindre 40 mètres cubes à l'heure ; il n'est pas inférieur à 25 mètres cubes.

Telles sont les données sur lesquelles on pourrait tabler en vue de donner une certaine extension aux irrigations alimentées par cette nappe souterraine, et qui, pour l'instant, sont exclusivement limitées, et dans une proportion restreinte, à quelques propriétés bordant le Chélif, celles où les détenteurs appliquent le bénéfice de leur initiative et de leurs efforts.

Les recherches d'eau se sont donc limitées, en amont et en aval du lieu de la tentative initiale, à une faible distance.

Il est infiniment probable que, depuis le Merdja jusqu'au delà de Saint-Aimé, les abords du fleuve pourraient également fournir une eau souterraine abondante. Ces expériences, peu coûteuses après tout, sont à recommander, à tenter par l'Etat, non moins que par les particuliers.

Toutes choses bien considérées, il s'agit, pour moi, plutôt de la captation des filtrations du lit souterrain du Chélif, que du débouché d'une véritable nappe artésienne. Et ce lit souterrain, à mon sens, semble être plus abondamment alimenté depuis le passage du fleuve dans ce resserrement montagneux qui existe à 6 kilomètres en amont du Merdja, point de soudure des 3e et 4e anneaux de la plaine du Chélif.

Des forages tentés également dans les fausses berges de la partie amont (Charon-Orléansville) nous édifieraient sur le mérite de cette hypothèse.

Enfin, des sondages ne pourraient-ils aussi être exécutés à la sortie des gorges de Duperré (1er et 2e anneaux), soit dans la plaine de Kherba ; et à la sortie de celles de l'Oued Fodda (barrage actuel), à l'origine de la plaine de Pontéba, en vue de reconnaître si le même effet de syphonnement des eaux souterraines ne se reproduit pas, après ces deux resserrements du lit, comme il en advient à Inkermann, à l'aval de la passe du Merdja ?

Ces travaux de recherches ainsi répartis et distancés seraient extrêmement intéressants, puisqu'ils contribueraient à nous fixer sur cette question d'une importance saisissante : à savoir si les ressources latentes et ignorées du Chélif se présentent soit à l'amont, soit à l'aval des points explorés, soit sur une plus longue étendue des rives, avec la même allure et avec la même abondance.

Ce fleuve est actuellement dérivé à sa partie centrale seulement, vers l'Oued-Fodda, à la soudure du 2ᵉ et du 3ᵉ anneaux de cette immense plaine pour irriguer la zone qui entoure Orléansville. — C'est tout.

En première urgence, un barrage de dérivation, à construire vers la soudure des 3ᵉ et 4ᵉ anneaux, entre Charon et le Merdja, s'impose pour irriguer la fraction la plus vaste, la plus régulière et aussi la plus éprouvée de cette plaine ; celle donc qui s'étend sur 75 kilomètres depuis le territoire du village de Charon jusqu'aux dernières collines du Dahra, limitant au Nord le bassin du Chélif jusqu'à son confluent avec la Mina et jusqu'à la confusion des deux vallées. L'immense canal alimenté par cette dérivation engloberait dans ce long développement une superficie de 60,000 hectares de plaines fertiles. Il distribuerait à ces terrains, disposés en pentes très douces et régulières, l'immense quantité d'eau qui va se perdre inutilement à la mer.

Dans ces vastes plaines de la rive droite du Chélif, qui s'étendent sans discontinuité, sans le moindre accident de terrain, sur une longueur de 75 kilomètres et sur une largeur variant de 10 à 15 et 25 kilomètres, dans ce pays étendu, dis-je, longeant notre principale voie ferrée, pas le moindre centre de colonisation n'a été tenté, pas le moindre point d'appui, pour la surveillance politique et administrative, n'a été constitué au milieu d'une population indigène, après tout peu nombreuse et qui se meut trop librement dans ces espaces jusqu'à ce jour inutilisés, mais dont la fertilité sollicite pourtant l'activité et les labeurs d'une colonisation intense, officielle ou individuelle, qui y trouverait, par l'exécution de ces travaux recommandés, des conditions assurées de réussite et de prospérité.

En deuxième urgence, un autre barrage est nécessaire : celui qu'il conviendrait d'établir à l'origine de cette plaine dans un encaissement du fleuve voisin du centre de Lavigerie, pour apporter l'eau dans toute la zone de colonisation dont le territoire d'Affreville forme le centre et qui s'étend encore vers l'Ouest jusqu'au centre de

Littré. Les établissements coloniaux ou agricoles déjà anciens de cette zone, et généralement en voie de prospérité, recevraient par l'irrigation un nouvel élément de réussite et de productivité plus certaine et plus variée.

Avec l'irrigation bien entendue, appliquée sur un tel sol, sous ce climat chaud, nul doute qu'en dehors de l'extension qui sera donnée à toutes cultures céréaliennes, légumineuses, fourragères ; à toutes plantations fruitières et forestières ; nul doute, dis-je, qu'il ne soit possible aussi d'aborder avec succès les cultures spéciales industrielles et même exotiques, telles que le maïs, la ramie, le sorgho, le coton même qui a été cultivé de 1867 à 1872, non sans avantage, dans la plaine précisément irriguée de Relizane (dép. d'Oran) ; toutes cultures pour lesquelles la Mère-Patrie n'aura pas à craindre, par similitude de produits, la concurrence de ses fils d'Algérie.

MÉTHODE & CONDITIONS GÉNÉRALES

DE LA CULTURE

La principale production de la plaine du Chélif, c'est le blé tendre, qui y acquiert des qualités remarquables.

En année normalement pluvieuse, cette culture, qui ne se pratique qu'en terre sèche, sauf sur une superficie irrigable restreinte et dans quelques exploitations, est très rémunératrice à cause de son bon rendement et de son prix fermement tenu avec prime sur les autres provenances, et surtout à cause *de la modicité des frais de culture.* Les bonnes cultures se font sur labours de printemps ; mais combien encore trop de petits colons, manquant de moyens et aussi de discernement, sèment sur simples labours d'automne.

Les *labours de printemps*, dans un tel sol, ne doivent

pas être obligatoirement profonds. On les exécute, soit avec les bonnes charues fixes des meilleurs constructeurs algériens, attelées de quatre bons bœufs du pays, qui labourent de 45 à 50 ares par jour, à une profondeur de 0^m14 à 0^m15 ; soit même avec le trisoc L. M. Howart, attelé de quatre bœufs et de deux chevaux, ou de six bœufs, qui retourne jusqu'à 1 hectare 15 ares par jour, à une profondeur de 0^m10 à 0^m12, encore suffisante dans nos bonnes terres.

Ces *divers attelages* n'absorbent qu'un faible capital. D'abord nos petites charues araires fonctionnent avec deux bœufs moyens, valant de 135 à 150 francs. Les bons bœufs du pays qu'on applique aux charues fixes, chariots, trisocs, se paient, selon les chances des marchés, de 175 à 220 francs ; les chevaux ordinaires pour travaux de ferme s'achètent à des prix variants de 175 à 300 francs.

La traction d'une charue fixe ou d'un chariot coûte donc 800 francs environ ; celle d'un trisoc à grand travail de 1,100 à 1,200 francs.

A l'automne, autant que possible après les premières pluies (première quinzaine de novembre), les *semences* préalablement sulfatées, sont jetées à la main sur les labours préparatoires, puis enterrées par un labour rapide, effectué encore au trisoc léger ou avec de petites charrues araires, préférablement à la herse seule qu'il convient d'ailleurs de passer sur ce labours d'ensemencement pour le niveler, en vue du facile fonctionnement des moissonneuses-lieuses.

Sous notre climat un délai de six mois est largement suffisant pour permettre à la végétation de toutes céréales de parcourir toutes ses phases jusqu'à la maturité, laquelle doit et ne peut se produire qu'à l'époque et par l'effet des chaleurs encore modérées du début de la saison estivale. Il s'en suit donc que l'ensemencement de l'orge, puis de l'avoine doit s'effectuer au début des labours (première quinzaine de novembre). Toutefois, l'avoine, la plus rustique des céréales, supporte encore d'être semée après les blés, tardivement, jusqu'à mi-janvier, sans tromper les espérances du cultivateur, secondé par quelques pluies au printemps. Mais semer le blé tendre dans la région du Chélif après Noël, c'est courir le risque d'un faible rendement, sans diminution correspondante des frais, à moins que le printemps ne soit très pluvieux.

La *proportion des semences* varie de 60 à 75 kilogrammes de graines-céréales par hectare. Au début des labours et en terre bien meuble, 60 à 65 kilogrammes suffisent ; la saison s'avançant, c'est-à-dire fin novembre-décembre et surtout dans les terres demi-fortes, il convient d'augmenter cette quantité jusqu'à 70 et 75 kilogrammes. L'emploi du semeur mécanique et du Cultivateur Canadien dont le fonctionnement est si facile dans nos plaines étendues, réduiraient les frais de semences comme main-d'œuvre et comme quantité de grain ; 50 kilogramme à l'hectare suffiraient.

Un mois après la levée, le roulage des récoltes doit commencer à la suite d'une légère pluie, en février, pour pulvériser les mottes, tasser le pied des plantes et les forcer au talage.

L'usage des engrais industriels ne s'impose pas encore dans nos excellentes terres du Chélif. Nul doute cependant qu'une addition de superphosphate, en automne, et qu'une proportion de nitrate de potasse, répandue au début du printemps sur les récoltes vertes, ne déterminent des bénéfices certains.

Mais nombre de bons cultivateurs estiment que cette pratique des engrais chimiques ne peut être généralisée dans nos exploitations. En agriculture il faut savoir proportionner ses dépenses de culture à l'importance du capital-terres mis en œuvre. Or, nos terres se cultivant avec des frais modiques, est-ce une opération économique bien comprise que de tripler ces frais par une application d'engrais industriels ? Notre capital terres étant rémunéré très convenablement, même par des rendements moyens de 7 à 8 quintaux l'hectare, est-il encore bien urgent d'avoir recours aux engrais excitants du sol, pour arracher de celui-ci quelques quintaux de plus, qui ne compenseront pas toujours les frais d'achat, de transport, de répandage et de surcroît de personnel et d'encombrement à la ferme? Tous frais donc déterminés par l'emploi de ces engrais. J'observe toutefois que dans ce raisonnement on n'envisage que notre situation agricole actuelle. Les nécessités de l'avenir commanderont peut-être une méthode différente.

Si le printemps n'amène pas de pluies suffisantes, l'irrigation est nécessaire, mais le plus souvent une seule suffit, courant mars, pour relever, lancer et amener à bien des récoltes qui souffrent. Pas d'irrigation en avril, car les tiges des céréales gorgées de nouvelle sève, pourraient ne pas résister à une série de vents forts ou à une pluie battante qui les coucheraient, comme il m'a été donné de le constater. D'autre part, la grenaison des épis trop longtemps maintenus en lait par un afflux tardif de nouvelle sève pourrait être contrariée par les hâles secs et chauds qui s'élèvent souvent en avril et mai.

L'époque de la moisson arrive en année normale : pour les orges, du 10 au 15 mai ; pour les avoines, du 20 au 31 mai ; pour les blés tendres, du 5 au 10 juin, de même pour les blés durs, avec cet avantage sur les blés tendres, qu'ils peuvent être laissés sur pied après maturité, sans perte par l'égrenage ou par les attaques des oiseaux.

C'est alors qu'entrent en fonctionnement ces admirables engins, les moissonneuses-lieuses, lesquelles, attelées de deux bœufs et deux chevaux ou mulets, ou mieux de quatre chevaux avec relai à midi, conduites par un Européen avec un guide arabe en tête de l'attelage, coupent, lient et mettent en tas au moins quatre hectares de belle récolte par jour.

Ou bien les moissons se donnent à la tâche, à des escouades (cuadrilles) d'Espagnols, venant de la Péninsule spécialement pour ces travaux et qui traitent à des prix variant de 18 à 25 francs l'hectare, selon la force de la récolte. Les prix sont un peu moindres quand on s'arrange avec des escouades de marocains ou de kabyles venant de 300 kilomètres, de l'Est ou de l'Ouest dans la plaine du Chélif, pour les travaux d'été. Quant aux Arabes de la région, qui se contentent de couper à la

faucille à peine la moitié des tiges, qu'ils lient en mano-
ques et mettent en tas distancés, on ne leur donne que
de 13 à 18 francs l'hectare. Constatons toutefois que si
ces travaux à la main sont plus coûteux et moins bien
faits que ceux exécutés à la moisonneuse, ils rendent
disponibles deux attelages de quatre bêtes à affecter aux
charriages des gerbes.

Pour les moissons, en raison de la maturité rapide et
rapprochée de chaque céréale, on est généralement forcé
d'avoir recours aux deux méthodes ; mais il est indispensable, dans une exploitation sérieuse, d'avoir au
moins une moissonneuse-lieuse pour tenir coup aux
exigences de ce monde si divers.

Les *battages*, chez les petits et moyens colons, s'effec-
tuent aux pieds des chevaux et même des bœufs ferrés
ad hoc, ou par des rouleaux pesants de pierre dure,
traînés sur les gerbes déliées et étalés sur les aires. Dans
ces conditions, les battages des grains reviennent de
0,85 à 1 franc le quintal. La chaleur forte et sèche de
fin juin et juillet permet d'opérer rapidement ces dépi-
quages ; certains colons, sachant organiser leurs relais de
gens et de bêtes, arrivent à battre par jour jusqu'à cin-
quante quintaux de grains, à passer ensuite au tarare.

Mais, dans les grandes exploitations, il faut avoir
recours à la batteuse à vapeur. Si on ne possède pas
d'appareil de battage, on s'inscrit chez l'entrepreneur de
ces travaux. En attendant son tour de battage, il convient
de dépiquer aux pieds des chevaux et au rouleau de
pierre, tout ou partie de la récolte d'orge, dont le dépi-
quage est si rapidement exécuté.

Les *battages à vapeur* coûtent 1 fr. 50 à 1 fr. 60 le
quintal pour toutes céréales, propres et mises en sacs ;
mais à ce prix l'exploitant doit fournir 5 à 6 Arabes
pour le retrait de la paille de la machine et sa mise en
meule. Pour 0 fr. 25 à 0 fr. 30 en sus, les entrepre-
neurs de battages, munis d'élévateurs de paille, font les
meules, ne réclamant au propriétaire que le concours
d'un homme entendu pour définir la meule.

Au fort de la récolte, les céréales s'expédient aux

gros minotiers et négociants des environs d'Alger, Blida et Oran. Les prix de transport sont élevés. D'Orléansville, centre presque exact de la ligne Alger-Oran, ils atteignent 15 francs par tonne. Ces prix augmentent ou diminuent de 0 fr. 02 par tonne et par kilomètre, selon que les parcours à effectuer sur les places d'Alger ou d'Oran sont supérieurs ou inférieurs à 200 kilomètres. La légère plus-value dont le commerce et la minoterie surtout font bénéficier nos qualités de céréales, compense en grande partie ces frais de transport.

Quand le coup de feu du commerce est passé, et durant la période des labours, assez généralement les cours s'égalisent avec ceux des places d'embarquement; quelquefois même ils les dépassent légèrement, selon les vides que les ventes d'été ont produits dans le pays.

De l'ensemble des faits et considérations ci-dessus relatés, nous pouvons tirer cette conclusion dominante : que la plaine du Chélif est une des régions où la culture économique et rémunératrice des céréales est le plus facilement réalisable, malgré la modicité des prix et la concurrence des produits exotiques.

IRRIGATIONS

L'irrigation des céréales se pratique de deux manières également bonnes : 1° lors des emblaves on ménage des sillons de 20 à 25 mètres avec endos. Une rigole est faite au buttoir sur chaque endos ; toutes ces rigoles se rattachent au canal spécial de l'exploitant, qui borde ou aboutit en tête de la parcelle à arroser ; ce canal s'abouche au moyen d'une vanne au canal du Syndicat. L'arroseur suit l'eau courant dans la rigole et, de distance en distance, la fait déverser sur chaque pente du sillon, Telle est la méthode pratiquée, si je suis bien informé, dans la plain de l'Habra et de Perrégaux (Oran).

2° Dans la plaine du Chélif, les bons praticiens opè-

rent autrement. Ils labourent d'abord à plat sans endos ; au lieu de rigoles nombreuses, ils ménagent plusieurs canaux secondaires pouvant contenir à pleins bords un fort volume d'eau. Ces canaux, plus espacés que par le système des rigoles, sont successivement mis en œuvre ; ils sont barrés de place en place par des vannes mobiles en bois, cintrées et calées, maintenues par des piquets et colmatées au moyen de fagots de paille. Et alors toute la masse déborde à ce point et est dirigée sur les récoltes voisines jusqu'à demi-distance du canal secondaire suivant, qui va être utilisé à son tour. Le principe de cette irrigation est de disposer en même temps, sur un même point et dans un même effort, de toute l'eau attribuée à l'usager. Par ce dernier moyen, l'irrigation va plus vite et coûte moins cher que par le premier système. Elle est conduite par un ouvrier européen aidé de trois Arabes dressés, payés 2 francs le jour et 2 fr. 25 à 2 fr. 50 la nuit ; plus, le jour, de deux ou troix aides de 1 fr. 25 à 1 fr. 50 pour les soins secondaires, réparer les fissures des canaux, aider à transporter et à assujettir les planches, pailles, piquets, successivement déplacés.

On arrive ainsi à arroser, selon la régularité du terrain, de 7 à 10 hectares par 24 heures. Dans ces conditions, le coût de l'irrigation des céréales, main-d'œuvre et matériel, ne revient pas à plus de 5 francs l'hectare. (Système pratiqué par M. Nin, fermier de la Smala-Malakoff).

Enfin, il est intéressant de signaler un autre mode d'irrigation des terres à céréales pratiqué à une autre époque de l'année agricole que le printemps. Il s'agit de l'irrigation du début avant tout travail de labour. L'eau du canal est donc déversée et répandue en maintes places sur la parcelle à cultiver. Dès que le sol est ressuyé, on laboure et on sème, ou mieux, on sème sur terrain humide et on enterre par un simple labours. Cette méthode a été pratiquée au début de la campagne agricole 1899-1900, aux environs d'Orléansville, par un jeune cultivateur, M. Bastien Durand, inquiet du long retard des pluies, survenues seulement au commencement de décembre.

Elle a eu les heureux résultats ci-après : 1º l'exploitant a pu éviter d'être acculé, après ces pluies si tardives, à une trop courte période pour exécuter, sans bousculade et en époque utile, les emblavures qu'il avait projetées ; 2º les semences ont levé et les plantes ont végété avec une rapidité et une force remarquables ; 3º en mars 1900, alors que toutes les récoltes souffraient par l'effet des vents secs et des chaleurs accentuées qui ont régné pendant plusieurs semaines, celles de notre jeune colon se présentaient vertes et vigoureuses ; 4º il n'a pas eu besoin de l'irrigation de printemps, les pluies d'avril ayant été plus que suffisantes pour faire prospérer ses récoltes, et par conséquent, il n'a pas eu à détruire des parties de récoltes vertes pour établir ou remettre en état les petits canaux nécessaires à l'irrigation du printemps.

PROPRIÉTÉS CRÉÉES PAR M. POURCHER

Propriétés à proximité du centre d'Inkermann
(chef-lieu de canton) à l'extrémité Est du département d'Oran.
Gare importante du P.-L.-M. algérien
à 254 kilomètres d'Alger et à 173 kilomètres d'Oran.

1º **Grand Domaine de Lakal,** à 3 kilom. 500 de la gare et du centre d'Inkermann, auxquels il est relié par la belle route départementale du Dahra, laquelle, traversant toute la propriété, conduit de la plaine du Chélif à Renault, gros village situé en plein plateau du Dahra.

Ce domaine de 466 hectares, acquis en 1879 du caïd Si El Kahl Ould Sidi Larribi, ne présentait que quelques bâtiments en ruines et des terres aux trois quarts en friches, durcies et rendues arides par une longue inculture.

Dès 1880, les anciens bâtiments sont restaurés. En 1881 et 1882 ils sont doublés. Les *jardins* sont complantés et aménagés ; le *puits artésien du jardin*, à 45 mètres de la maison de maître, est foré ; le puisard est établi et surmonté d'une forte *noria*; puis les *bassins* et les *canaux*. L'eau ascendante, trouvée à 32 mètres, débouche à plein tube de 0m16 s'ouvrant à 1 mètre au-dessus du fond du puisard, profond lui-même de 6 mètres.

En 1885 et 1886, l'*orangerie* et la *vigne* sont plantées (partie *A* du plan développée).

Dans les mêmes années, le défoncement et le défrichement de la propriété étaient chaque année plus étendus, pour être terminés en 1888, époque où toutes les terres pouvaient être utilement ensemencées. En 1885 et 1886, des travaux spéciaux hydrauliques et artésiens étaient effectués en vue d'irriguer la fertile basse-berge de 12 hectares (partie *B* du plan développée) : 3 puits artésiens, un puisard de 3 mètres de diamètre, un bassin de 60 mètres cubes ont été exécutés dans la partie Sud-Est de cette berge.

D'autre part, vers le Nord-Ouest, débouche un ravin à talweg régulièrement encaissé, servant d'égouttement aux eaux d'hiver d'une immense plaine supérieure de 800 hectares, qui permet, au moyen de quelques travaux, de pratiquer une retenue d'eau suffisante pour assurer l'irrigation de ces 12 hectares ; étant donné que le réservoir naturel, constitué par le talweg du ravin, présente une capacité de 12,000 mètres cubes, définie par ces cotes : 18 mètres à la cuvette, 30 mètres à l'ouverture, sur 3 mètres de hauteur et 200 mètres de longueur de talus.

Cette basse berge n'étant qu'à 3 mètres en contre-haut du Chélif, l'irrigation en serait encore facile par l'aspiration directe au fleuve où à la nappe souterraine, profonde de 5 mètres (partie *B* du plan développée).

Enfin, la partie Nord-Est du domaine est en partie irrigable au moyen de canaux transversaux ou de pourtour qui, selon un droit précis, amènent chaque quinzaine les eaux dérivés d'un ruisseau peu éloigné, l'oued Ouarizane.

2° **La propriété Abderrahman**, de 175 hectares, éloignée du domaine de Lakal de 3 kil. 500 dans une

direction Nord-Ouest, acquise en 1883. Elle a été amé-
liorée puis augmentée jusqu'en 1897. Les bâtiments
anciens ont été restaurés et doublés ; les aménagements
d'eau et d'abreuvage ont été complétés. Les terres y sont
excellentes et leur disposition, en longue bande de
2.500 mètres en contre-bas des pentes douces des collines du Dahra, en permet l'irrigation par le glissement
naturel des pluies d'hiver, que l'on peut facilement diri-
ger et répartir. Aussi les récoltes sont-elles abondantes
et régulières sur cette propriété.

*
* *

*Exploitations de Malakoff (canton d'Orléansville), à 224 kilomètres
d'Alger, à 203 kilomètres d'Oran.*

1° **Ferme de la Petite Smala**, située à 3 kilomètres
du village et de la gare de Malakoff, bordée par le
Chélif, 133 hectares de terres nues et encombrées de
jujubiers sauvages, acquis en deux fois de la Compagnie
Algérienne, en 1879 et 1889.

Bâtiments construits, puits, bassins, noria, installés en
1880 et 1881 ; bâtiments ruraux doublés en 1894. Tota-
lité des terres mises en état de culture facile dans les
mêmes années. Jardin et plantation d'arbres fruitiers et
forestiers créés ; chemins tracés en 1882 et 1884, puis
en 1898 et 1899.

Epis et digues de protection contre les érosions du
Chélif, exécutés en 1895, en 1896 et enfin en 1899, avec
un développement et une solidité de construction bien
supérieurs à ceux des premiers travaux, qui n'ont pas
résisté à l'effort des crues d'hiver.

Les dessins du plan présentant la face, la coupe et le
profil de ces divers endiguements, témoignent des efforts
et de la quantité de matériaux qu'il a fallu mettre en
œuvre pour assurer, autant que possible, la résistance de
ces ouvrages qu'on a été forcé d'implanter dans des fonds
ayant jusqu'à 1ᵐ60 d'eau et plus, même à la fin de l'été.

Les terres de la Petite Smala, argilo-siliceuses, sont

fertiles ; très faciles à travailler, même à la suite d'un long été, elles permettent l'achèvement des emblavures en bonne époque.

Cette ferme est munie, au Nord, à l'Est et à l'Ouest, de trois basses-berges, ensemble 35 hectares, qui présentent les avantages de ces situations, c'est-à-dire la fraîcheur maintenue par les filtrations du Chélif et aussi l'irrigation possible par aspiration au fleuve ou à la nappe souterraine, très peu profonde.

2° **Terre des Beni Ouazen,** environ 600 hectares acquis en 1886, de Kaddour ben Sahnoun ben Sahraoui, ancien caïd.

Douze parcelles, d'étendue et de consistance diverses, situées dans la vallée de l'oued Sly, à 22 kilomètres de Malakoff, à 7 kilomètres de Masséna. L'eau des sources y est bonne et abondante : la rivière de l'oued Sly, qui borde les plus grandes parcelles, conserve même, au cœur de l'été, un débit suffisant pour l'abreuvage des troupeaux. Le climat y est moins chaud, les pluies y sont plus régulières que dans la vallée du Chélif, toutes conditions favorables à l'installation de colons français.

Malgré mes efforts et mes démarches, depuis de longues années, en raison des agissements des indigènes voisins, et en suite de l'abstention de l'Administration, il ne m'a pas été possible d'y créer encore une exploitation française. Quatre tentatives ont été faites dans ce sens, en 1895, 1896, 1897 et 1899. Espérons des dispositions meilleures.

*
* *

Campagne et Villas du Ruisseau (commune de Kouba), à 4 kilomètres d'Alger, à 2 heures de Mustapha, parcours en 25 minutes et 11 minutes en tramway électrique.

Terrain accidenté, obstrué sur les 2/3 de la superficie, de rochers, broussailles, pins ; acquis en 1882 à cause de son exposition nord-est et de son altitude à 60 et

80 mètres au-dessus de la mer, avec vue étendue et dominante sur la baie, la ville et le port d'Alger ; à 600 mètres du Jardin d'Essai et des bords de la mer. — Chemins d'accès établis en 1883. — Terrain successivement désobstrué de rochers et broussallles, puis défoncé de 1883 à 1886.

Grande Villa, construite en 1883-1884 avec puits, terrasses et jardins d'agrément jusqu'en 1885. Vignes et plantations fruitières effectuées en 1886-1887-1888.

Petite Villa, construite en 1899 sur la portion rocheuse d'un emplacement dont la plus grande partie cultivable a été transformée en un verger de fruitiers de France.

La transformation d'un tel pan de colline abrupte, en campagne de produits et d'agrément, avec villas pour habitation de plaisance en belle vue et bon air, ne s'est pas faite sans exiger une grosse somme d'argent et d'efforts.

PRODUITS

Les specimens des produits présentés en avril proviennent évidemment de la très médiocre année 1899 ; ils sont donc assez ordinaires. Les échantillons qui les remplaceront au 1er juillet seront incontestablement supérieurs puisqu'ils proviendront de la bonne année 1900.

I

Blé tendre.

Les semences sont sulfatées, soit par le trempage dans une solution à 1 0/0 de sulfate de cuivre, puis légèrement saupoudrées de chaux délitée, et remuées ; soit préférablement, à notre avis, dans une solution préparée avec le Germinateur du Docteur Quarante. Nous nous assurons par ce traitement primordial une garantie contre la carie, le charbon et même l'ergot, et aussi contre les ravages des vers blancs et des moineaux.

Les rendements, en bonne année, varient de 12 à 16 quintaux et plus à l'hectare, soit 19 à 24 pour 1.

Ce sont ceux constatés en bonne culture de terre sèche, avec labours de printemps. Dans nos grandes emblavures, seulement quelques parties restreintes reçoivent du fumier de ferme ; celui-ci est plus spécialement consacré aux cultures intensives et sarclées.

Mes relevés de journées payées et mes calculs précisés dans les années 1887, 1894 et 1900 me permettent d'affirmer que la culture de 1 hectare en blé, y compris le coût du labours de printemps, n'atteint pas 11 francs pour la seule main-d'œuvre. Nos indigènes voisins, dressés aux gros travaux agricoles, sont payés de 1 fr. 50 à 2 francs selon l'époque et l'urgence des travaux.

La variété qui s'accomode le mieux des conditions courantes de la culture dans notre plaine et qui donne le plus de satisfaction comme rendement régulier et comme résistance, est le blé tendre de Mahon ou le blé barbu de provenance de Bel-Abbès.

La variété sans barbe de blé tendre dite Tuzelle, de provenance d'Aix ou de Bel-Abbès, plus susceptible, mais de qualité plus fine que la précédente, donne cependant dans nos exploitations de très beaux résultats, mais à la condition de pouvoir lui appliquer une irrigation en mars, si le printemps est insuffisamment pluvieux. Sa maturité est en retard de quelques jours sur celle du blé barbu.

Une troisième variété, appelée Richelle, récemment introduite dans nos meilleures exploitations, mais expérimentée jusqu'à ce jour par quelques propriétaires éclairés, semble réunir les qualités des deux précédentes variétés, c'est-à-dire la rusticité et la résistance des tiges et des épis du blé barbu, alliées à la qualité et à la production de la Tuzelle. Son rendement serait ainsi quelque peu supérieur à celui du blé barbu. Cette culture n'est pas encore assez généralisée pour qu'on puisse déjà émettre une appréciation définitive et indiscutable.

Les blés tendres de mes fermes, ainsi du reste que ceux provenant des bonnes cultures, ont toujours été recherchés, à cause de la force et de la blancheur de leur farine pour la panification et à cause de leur conservation exceptionnelle.

En déduisant des prix de ventes indiqués, 21 à 25 fr., le coût du transport, 1 fr. 60 par 100 kilogrammes, on a le prix de vente net aux lieux de production : Inkermann et Malakoff.

II

Blé dur.

Toutes les observations culturales ci-dessus relatées s'appliquent à ce blé.

Les blés durs sont plus susceptibles dans notre région que les blés tendres ; plus sensibles aux hâles et aux coups de chaleur. Comme à la Tuzelle, une irrigation au printemps leur est nécessaire si les pluies sont rares.

A la moisson ils offrent l'avantage de pouvoir être laissés sur pied bien après leur maturité, ce qui soulage un peu, pendant et après la bousculade des moissons successives de l'orge, avoine, blé tendre, qui se précipitent à 10 ou 12 jours d'intervalle. Leurs épis rigides et protégés par des barbes, leurs grains bien resserrés, résistent à l'égrenage et aux attaques des oiseaux.

Ces blés sont recherchés pour la fabrication des semoules, des pâtes alimentaires. Transformés en semoules et et en couscous, ils constituent la nourriture de luxe des indigènes.

Le rendement est sensiblement le même que celui des blés tendres. Les prix de vente sont le plus souvent inférieurs de 1 à 2 fr. à ceux des dits blés.

III

Orge.

L'orge, en année pluvieuse et sur terrain légèrement fumé, acquiert des rendements considérables ; en année bonne ordinaire, on obtient 14 à 18 quintaux, soit 21 à 27 pour 1. J'ai constaté personnellement jusqu'à 27 quintaux sur terrains précédemment cultivés en fèves, melons et pastèques. Semée de bonne heure sur terre préparée et bien fumée, elle peut fournir, dès la fin de janvier, une première coupe, et en mars une deuxième coupe à donner en vert aux animaux de travail ; et sur ce champ ainsi fauché deux fois, on obtient un rendement normal en grain.

L'orge est la grande culture céréalienne en Algérie, la principale chez les Arabes. Les grains broyés, peu nettoyés, donnent la farine grossière avec laquelle sont faites ces grandes galettes grises qui sont l'unique nourriture de la masse moyenne et pauvre du peuple arabe.

L'orge du Chélif, qu'elle provienne des cultures rudimentaires des indigènes ou des bonnes cultures européennes, a une qualité spéciale de blancheur qui la fait rechercher de préférence à toutes autres provenances. Les belles qualités sont demandées pour la brasserie. C'est la céréale dont les cours locaux, vu la consommation générale chez les indigènes, se relèvent rapidement et dépassent en hiver ceux des grandes places. Les prix varient de 10 francs en été, après la récolte, à 16 francs en hiver.

IV

Avoine.

L'avoine du Chélif est la céréale dont la qualité tranche le moins avec celle des autres provenances. Son rendement est considérable avec un printemps pluvieux, il atteint 15 à 20 quintaux, soit 22 à 29 pour 1. J'ai pu constater quelquefois une production de 28 quintaux sur les emplacements des cultures sarclées et fumées de l'année précédente, comme pour l'orge.

Si cette saison est moins favorable, son grain est souvent un peu maigre.

L'exportation surtout absorbe cette récolte. Sa consommation en Algérie est assez restreinte ; elle est limitée généralement aux cinq mois des travaux d'hiver, de novembre à avril.

Les prix varient de 11 francs à la récolte, à 47 francs en hiver.

V

Fèves.

Les fèves sont une culture très rémunératrice. Il leur faut un terrain fumé et préparé avec double labour. Du 5 au 15 novembre, les fèves sont semées à raison de 75 kilogrammes à l'hectare, en lignes ouvertes à la charrue, espacées de 0^{m}50 pour faciliter l'aération et le sarclage ; puis recouvertes à la herse ou par un trait de charrue.

Le premier avantage de cette culture est d'être facile à moissonner et à battre avant toutes autres moissons, soit dans la deuxième quinzaine de mai.

Les rendements en bonne année varient de 10 à 16 quintaux à l'hectare, soit 15 à 21 pour 1.

La vente, au début de la campagne, des fèves non encore desséchées par la chaleur estivale, par conséquent non diminuées de poids, met de suite aux mains de l'exploitant une somme d'argent qu'il applique aux frais successifs et imminents des autres moissons.

Les prix de vente varient de 15 à 20 francs selon grosseur et qualité.

Comme toutes les provenances de la région, les fèves du Chélif sont recherchées par le commerce, et même par la minoterie qui, pour certaines qualités moyennes, en mélange la farine avec la farine de froment, en faible proportion.

Outre la consommation alimentaire, l'engrais des porcs et la production du lait chez les chevriers des villes sont les grands débouchés de cette culture.

VI

Maïs.

Trois labours et du fumier sont nécessaires pour la bonne culture du maïs qu'on sème en mars, à la binette, à raison de 30 kilogrammes à l'hectare en lignes espacées de 0^m70. Si le printemps n'est pas pluvieux, il faut une irrigation puis un bon piochage, lorsqu'il est bien poussé, fin avril. — Irrigations fréquentes, en été, tous les dix jours. La récolte a lieu du 25 juillet au 15 août. Le rendement est très variable, de 15 à 25 quintaux.

Le maïs se plante aussi comme culture accessoire pour utiliser les irrigations, en bordure des planches de melons et pastèques cultivés en grand.

L'Algérie est loin de fournir la quantité de maïs nécessaire à ses besoins, même depuis que les droits de régie ont arrêté les distillations d'alcool tiré de ce produit.

Prix de vente variant de 13 à 15 francs sur les places d'Alger et d'Oran.

VII

Pois chiches.

Sauf époque de la semence, fin janvier-février, à cause des gelées, ce sont les mêmes soins de culture, mêmes facilités et avantages de récolte et de vente que pour les fèves.

Cette légumineuse craint la coulure. Toutefois, sous le climat clair et non humide du Chélif, cet inconvénient est évité.

Le pois chiche prend une part assez grande dans la

consommation alimentaire, surtout chez les Espagnols. Préalablement détrempé, ce produit est donné par certains laitiers à leurs vaches bien portantes pour les pousser à la lactation, et à celles qui sont fatiguées pour les remettre en santé ou les pousser à l'engrais.

On l'utilise aussi, après torréfaction, comme simili-café, mélangé à la poudre de vrai café pour la consommation des Arabes et des classes pauvres. Dans le quartier de la Casbah, à Alger, on peut voir des torréficateurs indigènes qui étendent leur industrie à la transformation du pois chiche de ton jaune mat et clair, en une poudre très fine, de nuance absolument semblable à celle de la poudre du vrai café torréfié et pulvérisé.

VII bis

Bechna.

Cette graine blanche, d'aspect assez semblable à celui de l'orge perlé, correspond, sauf la couleur, comme utilisation, au sarrazin ou blé noir cultivé dans certains pays de France, particulièrement en Sologne (Loir-et-Cher).

La culture du bechna est générale en Kabylie ; les grains broyés en farine et transformés en galettes servent à l'alimentation des Kabyles, de même que l'orge chez les Arabes.

Dans la plaine du Chélif, cette culture n'est pas courante ; elle se localise à quelques terrains ; puisqu'elle ne réussit à coup sûr que dans les terrains bas, maintenus humides durant l'été par la contiguïté du courant persistant des rivières, et détrempés par leurs débordements accidentels au printemps. Telles sont les basses-berges existant à mes propriétés.

L'année 1900, à printemps pluvieux, est donc favorable à cette culture que je viens de terminer à ma ferme de Malakoff. Elle est d'ailleurs bien simple : sur un bon labour ordinaire, la graine (provenance de Kabylie ou de Smyrne) est semée courant avril, à raison de 50 kilogrammes à l'hectare, dans des raies ouvertes à la charrue et espacées de 0ᵐ50, puis recouvertes à la herse. Cette culture en pleine végétation a l'allure d'une graminée. D'ailleurs, souvent on cultive le bechna pour fourrage. Il suffit alors de le semer à la main et de le herser ; c'est le moyen d'utiliser les labours de printemps sans fatiguer la terre. Lorsqu'il est cultivé pour la graine, la récolte a lieu en août.

Son rendement est considérable parfois ; il varie de 12 à 30 quintaux et plus.

Son prix de vente joue de 13 à 15 francs.

A part l'alimentation des indigènes, Kabyles surtout, cette graine est recherchée pour l'engrais rapide de tous les volatiles de basse-cour et des porcs.

VIII

Pommes de terre.

Dans les propriétés du Chélif, munies d'irrigation, on peut cultiver deux fois les pommes de terre dans la même année.

Pour la première culture on sème après double labour et sur fumier, en février, toutes craintes de gelée disparues, et à raison de 850 kilogrammes à l'hectare. Un binage est donné en mars, un piochage ou chaussage à la charrue en avril. On récolte fin mai-juin. Une seule irrigation en avril est généralement suffisante pour assurer cette récolte. Mais les produits de cette époque arrivent en concurrence avec toutes les autres provenances, et se vendent à un prix modéré, 10 à 12 francs sur les grandes places.

Il est alors plus avantageux de garder jusqu'au déclin de l'été (septembre-octobre), époque où les prix locaux peuvent atteindre 14 à 15 francs. Mais il faut du soin et de la vigilance pour traverser nos grandes chaleurs qui sont pernicieuses à ces tubercules. Voici un procédé de conservation qui a donné de bons résultats : Sur un plancher propre et sec, étaler les pommes de terre en couche épaisse de 30 à 35 centimètres, répandre dessus du sable que l'on fait glisser le mieux possible dans tous les interstices. Peu à peu ce sable glisse aussi de lui-même entre les tubercules. De temps en temps explorer le tas et en retirer d'abord les tubercules ayant tendance à se gâter, puis ajouter encore du sable pour maintenir le revêtement toujours épais. Renouveler cette opération jusqu'à ce que le sable ne présente plus de vides. Enfin, ce résultat acquis, humecter légèrement cette surface avec l'arrosoir, tous les dix jours. Par cette méthode, la conservation est assurée sans trop de déchets. Pour l'appliquer il faut disposer de grands magasins couverts.

La culture d'automne à faire sur terrain déjà préparé, puis recroisé et fumé au mois d'août, demande une irrigation après la plantation, et quelquefois deux autres si les pluies ne viennent qu'en novembre. On commence à arracher dès le mois de décembre, avant les gelées ; et les produits envoyés comme primeurs avant Noël jusqu'au 15 janvier, obtiennent des prix variant de 15 à 17 francs. Il s'agit de la pomme de terre rouge ou grise.

Les rendements obtenus sont normalement de 40 à 50 quintaux à l'hectare, 6 à 7 pour 1 ; souvent ils atteignent 60 quintaux.

En grande culture et avec l'irrigation, il est avantageux pour les soins de culture et l'aisance de la végétation d'espacer les lignes jusqu'à 0^{m}80.

Les sulfatages qu'il est indispensable d'appliquer à ces cultures faites dans la zone littoralienne, et qui ne conjurent pas toujours l'invasion de la maladie spéciale à ces tubercules, ne paraissent pas être indispensables à la bonne et saine végétation de ces mêmes cultures sous le climat de la plaine du Chélif.

IX

Piments.

Cette culture — piments forts — toute spéciale aux pays chauds, commence par le repiquage des plants en juin. Comme pour toutes les cultures sarclées et irrigables, il faut une bonne préparation et de la fumure ; puis des binages en août, septembre, octobre, et surtout des arrosages tous les dix jours jusqu'aux premières pluies. Au fur et à mesure que les piments se développent et rougissent, on les cueille. Ils sont vendus plus avantageusement frais. Ou bien, après dessication au soleil ou au four à peine chaud, on les conserve et on les vend secs.

Cette culture, pratiquée dans des exploitations de l'intérieur, voisines d'un certain peuplement arabe, est lucrative. Les produits sont achetés sur place, à la ferme même, principalement par les indigènes, qui font leur provision annuelle de ce condiment si important et si apprécié pour leur cuisine.

X-XI

Citrons, Oranges, Mandarines.

Les échantillons présentés en mai dans un état remarquable de conservation ont été cueillis à la ferme Lakal (Inkermann), oranges et mandarines le 15 décembre 1899, citrons le 28 décembre.

Les arbres de mon orangerie sont plantés à 6 mètres sur 5 mètres.

La culture comporte quatre labours et piochages des pieds ; puis une irrigation tous les dix jours, de mai à octobre, sauf en juillet et août, mois durant lesquels une irrigation tous les cinq jours est souvent nécessaire. Pour utiliser aussi ces nombreuses irrigations, des cultures de melons et pastèques occupent le milieu des intervalles des arbres.

La maturité et la cueille commencent vers le 10-15 novembre. En 1899, le développement des fruits a été très tardif en raison d'un été exceptionnellement long et chaud.

Tous ces fruits, provenant des orangeries soignées du Chélif, sont pour la maturité en avance de 20 jours environ sur les similaires cultivés dans le Sahel et la Mitidja. Ils ne leur cèdent pas en qualité et leur conservation est supérieure.

Le prix de vente y est généralement plus avantageux.

Ainsi ma récolte de 1899 a été vendue 1 fr. 50 les 100 fruits, cueillis sur l'arbre par l'acheteur.

XII

Melons et Pastèques.

Cette culture réussit bien dans le Chélif, lorsqu'on dispose de l'eau nécessaire en plein été. Elle donne des produits remarquables par leur succulence et leur précocité.

Le terrain fortement fumé doit être préparé par trois bons labours croisés, puis nivelés et rayonnés à 1 mètre à la charue ou au buttoir léger pour la plantation et l'irrigation. Le long et en talus des lignes ainsi ouvertes, les graines sont semées vers la mi-mars, déposées dans de petits trous évasés qu'on a d'abord arrosé légèrement à l'arrosoir, puis recouvertes d'un peu de terreau. En outre, les spécialistes avisés ménagent tout à côté des poquets où viennent d'être déposées les graines, une cavité pouvant contenir une forte jointée de bon fumier qu'on recouvre de terre. C'est la réserve offerte à la friande cucurbitacée, alors que ses jeunes racines développées pourront bientôt aller y puiser une force de végétation rapide et luxuriante. Un binage soigné est donné vers le 10-15 avril, quand les jeunes tiges sont déjà bien poussées et dégagées.

L'irrigation commence dès le courant avril, si les pluies ne secondent pas. Courant mai, un piochage sérieux est appliqué ; et de cette époque tous les huit jours une irrigation est nécessaire jusqu'à la récolte, qui commence vers le 10-15 juillet pour se terminer fin août.

La culture d'un hectare de melons entraîne comme main-d'œuvre une dépense de 180 à 200 francs. Il faut supputer, en sus, les frais de cueille, d'expédition et de vente. Les melons se vendent au cent : 30 francs au début, puis 25 et 20, jusqu'à 15 francs en pleine saison. Quand tout va bien, soins de cultures, irrigations et absence de siroccos intenses, un hectare de melons et pastèques peut donner un revenu brut d'environ 2,000 francs. Mais on n'a le plus souvent qu'à enregistrer un revenu moyen de 7 à 800 et 1,000 francs, dans nos parages éloignés, où les plus nombreux et les plus avides consommateurs sont les Arabes, qui ne peuvent payer bien cher ce luxe alimentaire.

XIII

Vignes.

Il y a quelques grands et beaux vignobles dans la plaine du Chélif. Citons ceux d'Amourah, près Lavigerie (Compagnie Algérienne) de 450 hectares ; de Duperré (propriété Lefebvre), 400 hectares ; Aïn-Meran-Rabelais (propriété Morand), 100 hectares, non loin de Charon. Mentionnons également les vignobles de moyenne importance, mais bien tenus : Jourdan, près Lavigerie ; Coste, à Littré ; Fouque, à Carnot ; Friburger, à l'Oued-Fodda ; Rollaz, à Malakoff ; Pourcher, à Inkermann ; Vagnon, à Kherba. Enfin, énonçons encore les vignobles des centres d'Affreville, Littré, Carnot, Warnier, Pontéba ; mais parmi ces derniers, nous constatons avec regret que nombre de petites vignes mal plantées sont sans avenir, sinon encore sans produits, ayant été créées par de petits colons peu initiés et auxquels les ressources ont fait défaut. Chacun s'est contenté d'un labour réputé profond de 0m20, avec série de trous isolés ou de fossés continus ayant 0m50 de profondeur et 0m30 de largeur, dans lesquels les malheureuses boutures ont été, à vrai dire, emprisonnées et claquemurées.

Or, au Chélif, plus qu'ailleurs, il faut *le défoncement intégral et profond* du sol jusqu'à 0m50 et plus si l'on veut créer un vignoble dans des conditions économiques satisfaisantes.

Le *choix des terrains* à affecter à la vigne n'est pas indifférent. Si tous sont aptes à la culture des céréales, il conviendrait, paraît-il, d'éviter pour la vigne, dans le bas Chélif surtout, les emplacements en terres fortes grises qui, parfois, recèlent dans le sous-sol des traces de salure, et sur lesquels, d'autre part, la vigne serait plus facilement atteinte par la gelée. Il faut donc affecter à la vigne plus particulièrement les terres légères, argilosiliceuses, rouges ou grises.

Les *cépages* remarquables par leur résistance sous ce climat sont, en rouges : le *Cinsault*, le *Carignan*, le *Mourvèdre* et aussi les *hybrides Bouschet* ; en blancs : la *Clairette*, l'*Ugni blanc*. Outre ces cépages connus, il semble qu'on doive recommander, pour varier la composition des vignobles chélifiens, les plants spéciaux ci-après que leurs pays d'origine et leurs aptitudes de résistance constatées désignent aux viticulteurs des pays chauds ; ce sont, en rouges : le *Braquet* et le *Fuella*, originaires du Var ; le *Tibouren*, particulièrement cultivé à Antibes ; le *Barbaroux*, cultivé en Provence, souvent en terrain salé, et soumis quelque fois à l'irrigation ; en blancs : le *Colombaud*, cultivé dans le Var ; le *Valenci* d'Espagne (Grenade) ; tous cépages végétant sur des pentes ou sur des plateaux exposés généralement au midi, dans un sol sec et sous un climat particulièrement chaud en été.

J'indiquerai encore l'essai d'un plant rustique et bon producteur, que nos vignerons de Kouba, Birkadem vantent beaucoup et désignent sous le nom de *Morastel blanc* à cause de la couleur vert pâle de sa feuille, et qui est, je crois, le même que le *Col de Chéragas*. Ce plant donne dans les vignobles du Sahel toute satisfaction comme résistance aux fortes chaleurs et aux maladies. Fort de ces appréciables antécédents, ne pourrait-il encore être offert avec quelque garantie aux viticulteurs du Chélif ?

Les raisins résistent d'autant mieux à la chaleur et aux coups de soleil qu'on a pris plus de soin d'opérer l'attachage, dès fin mai, des sarments se faisant face, en leur donnant la forme cintrée au-dessus du cep, maintenus ainsi par entrelacements avec ou sans liens spéciaux. De cette manière, les sarments peu relevés forment un amas de feuillage épais et élargi qui permet l'aération à l'intérieur des lignes et qui facilite l'émission de nouvelles feuilles sur les côtés.

La *maturité* varie de fin juillet à mi-septembre selon les cépages et les altitudes. A Inkermann, mes Petit-Bouschet sont assez mûrs pour être vendus dès le 15 juillet. La vendange a lieu du 1er au 15 août. Il convient, à mon avis, de ne pas attendre une maturité aussi complète que dans les vignobles littoraliens, sans quoi on s'expose à être amené à corriger la force du moût par une addition d'eau.

Les *rendements* sont moins élevés dans la région du Chélif que dans les plaines voisines du littoral. Ils varient d'ailleurs avec la nature du sol. En vignoble bien planté et soigné, les terres fortes et demi-fortes produisent de 40 à 70 hectolitres, étant plantées à deux mètres en tous sens ; les terres graveleuses et siliceuses, 25 à 35 hectolitres.

En 1899, année mauvaise pour tous et pour tout, mon petit vignoble d'Inkermann (2 hectares), a produit 500 francs de raisins vendus depuis 20 fr. jusqu'à 10 fr. les 100 kilogrammes, et ensuite une quantité de 42 hectolitres de vin. En cette même année, une enquête personnelle m'a permis de constater que les effets du sirocco excessif des 22 et 23 juillet, qui a détruit dans la plupart des vignobles de la zone littoralienne les 2/3, le plus souvent les 3/4 de la récolte, n'ont pas eu proportionnellement la même action funeste sur les vignobles du Chélif bien tenus. La différence en moins reconnue dans quelques vignobles, sur les rendements de 1898, a été seulement des 2/5 environ.

La *force alcoolique* constatée de nos vins est de 11° pour les Bouschets et Cinsault ; de 11° 12°5 pour les rouges : Carignan, Mourvèdres ; de 12° à 14°5 pour les blancs : Clairette, Ugni blanc.

Le grand échec de la viticulture dans la plaine du Chélif réside dans la difficulté de réaliser une bonne vinification par des *températures toujours supérieures à 30° au moment des fermentations*. J'ai personnellement évité cette complication en envoyant ma vendange cuver au village de Renault (500 mètres d'altitude), où la température et les nuits surtout étaient fraîches.

Ce grand inconvénient est désormais conjuré par l'usage et le perfectionnement des appareils de réfrigération. Nous pouvons donc obtenir maintenant des vins de couleur franche, de bonne tenue, agréables, sans arrière-goût doucereux ou sans acidité exagérée, toutes qualités que la majeure partie de nos vins ne peuvent convenablement réunir sans le secours de la réfrigération.

D'autre part, à mon humble avis, on ne saurait trop recommander la vinification en blanc, plus facile à réussir et aussi plus lucrative à cause du degrès alcoolique obtenu sous ce climat.

Nos vignobles, les bons comme les mauvais, sont à vrai dire indemnes des maladies cryptogamiques : un peu d'oïdium, très peu de mildew et d'antrachnose apparaissent seulement à la suite des printemps pluvieux. Par des traitements faibles, les bons vignerons en ont facilement raison ; beaucoup ont le tort de ne pas s'en préoccuper ; la généralité s'en tire avec un léger soufrage avant la fleur.

Là encore, à propos de la végétation et de l'entretien de la vigne, si absorbant et si dispendieux partout ailleurs, le climat spécial du Chélif intervient favorablement. En effet, cette limpidité de l'air, cette chaleur ambiante sèche et claire de l'atmosphère ne sont-ils pas absolument réfractaires à la formation des spores donnant naissance aux maladies spéciales de la vigne ? Ce climat laisserait-il même aborder le terrible Black-Rot, qui ne naît, ne vit et ne prospère que dans les milieux humides, chauds et non ventilés ?

Dans le Chélif moyen et inférieur, plusieurs vignobles sérieux seraient en projet, exécutés cette fois dans de bonnes conditions, c'est-à-dire sur un sol défoncé jusqu'à 0^m60. Pour en assurer la plus luxuriante végétation et la plus abondante production, on aurait recours à l'irrigation. Dans ces dispositions, on doit alors envisager d'autres façons culturales, d'autres soins variés et d'autres frais de fumure et de personnel que ceux qui suffisent à bien tenir les meilleurs vignobles du Haut-Chélif non irrigués.

Malgré l'avis de quelques personnalités agricoles, j'estime qu'on peut aborder avec plein succès la culture de la vigne avec irrigation, surtout dans la plaine du Chélif. Car, pour répondre à une objection, si l'eau appliquée à l'arrosage des vignes dans les plaines littoraliennes est réputée, peut-être avec raison, diminuer le degré et même la couleur du vin, il n'en va pas de même dans notre plaine, où le soleil et la pureté de l'air équilibrent ces inconvénients constatés ailleurs, en assurant toujours le développement d'un raisin sain et d'un moût normalement composé.

En ce qui concerne l'irrigation elle-même, voici la pratique qui semble s'imposer. En février, soit après la taille et avant tout débourrage, avant tout labour d'ensemble, mais après ouverture de rigoles assez profondes entre les rangs, pour la retenue èt la pénétration de l'eau, arroser toute la surface de la vigne, c'est-à-dire emmagasiner dans le sol une forte provision d'humidité ; puis faire toutes cultures, toutes scarifications, tous traitements ordinaires, jusque vers la fin juin. A cette époque, c'est-à-dire à la veille de la véraison, faire passer l'eau dans des rigoles qu'on a eu le soin d'ouvrir entre chaque rang avant l'entier développement des pampres, d'ailleurs rattachés au-dessus du pied comme il a été dit plus haut. Puis passer une dernière fois le scarificateur sur ce terrain ressuyé.

On ne saurait nous taxer d'exagération en appréciant que le rendement des vignes ainsi cultivées doublera et atteindra 120 à 150 hectolitres à l'hectare.

XIV

Bétail.

C'est dans l'exploitation du bétail (élevage d'une part, commerce et engraissement d'autre part) que la plaine du Chélif peut revendiquer la supériorité sur les autres régions. Nos terres présentent des aptitudes fourragères remarquables, qui se traduisent par la précocité et la force nutritive de nos herbages, produits par un tel sol, fertile et sain.

Nos fourrages sont peut-être un peu grossiers à l'œil, comparés à ceux récoltés dans les plaines basses et toujours humides de la Mitidja, mais les résultats satisfaisants obtenus par leur usage ont vite fait d'affirmer leur qualité supérieure.

En août, soit à l'époque où les éleveurs doivent commencer à constituer les troupeaux, nos plaines n'offrent, comme pâture, aux premiers groupements de bêtes, que les chaumes des récoltes de céréales et les herbes sèches qui, depuis la liquidation des derniers troupeaux de la campagne précédente, garnissent encore les champs déjà utilisés comme pacages et comme fourrages coupés.

Dès les premières pluies, la plaine reverdit. Heureux quand ces pluies surviennent assez fortes, dès fin septembre-octobre, pour activer la pousse des herbes. On peut alors espérer faire en fin novembre-décembre des ventes partielles, toujours avantageuses à cette époque.

En décembre et janvier, les herbages croissent lentement. Mais en février le temps redevient beau après la saison des pluies du cœur de l'hiver, la température s'attiédit, nos prairies se garnissent et se fortifient.

Si mars n'est pas venteux, les herbages acquièrent

leur grand développement ; les troupeaux s'engraissent à vue d'œil et les grosses ventes commencent.

Les fourrages coupés chez nous dans la première quinzaine d'avril, livrent encore au bétail de vastes étendues d'excellents pacages, que les dernières pluies augmentent et prolongent.

C'est donc en avril que les ventes des grands troupeaux commencent à être actives, soit pour les expéditions sur France, soit pour la boucherie des villes du littoral. Les grosses transactions se précipitent en mai et écoulent la majeure partie de notre immense bétail.

Mais fin mai et obligatoirement avant le 15 juin, c'est-à-dire après la disparition des herbages verts, et au moment de la maturité de toutes céréales et des travaux absorbants qui en sont la conséquence, l'exploitant doit avoir liquidé tous ses troupeaux de commerce et ne conserver, durant les fortes chaleurs, que : 1ᶜ des fonds de troupeaux non présentables à l'expédition et faciles à liquider peu à peu sur place, et 2° les bêtes d'élevage, toujours faciles à maintenir, vu leur nombre relativement restreint, après la grande affluence du printemps.

Courant août et septembre, les acheteurs se mettent en mouvement, soit par eux-mêmes, soit par des fidei-commis indigènes aussi habiles qu'ardents à ces entreprises, et auxquels les patrons n'hésitent pas à confier souvent des sommes considérables pour aller acheter au loin.

Tous parcourent les marchés de l'Oranie : Relizane, Tiaret surtout, puis Saïda, où les éleveurs du Sud viennent présenter cette bonne race d'ovins dits moutons de Tiaret, aussi appréciables pour la viande que pour la laine ; puis les marchés de Bel-Abbès, Aïn-Témouchent, Marnia, où se traitent particulièrement les troupeaux ovins ou bovins de provenance du Maroc.

Quelques marchés du centre du département d'Alger sont également fréquentés, malgré leur éloignement, par les éleveurs de la fraction Ouest de la plaine du Chélif ; par exemple les marchés de Boghar et de Chellala dans les Hauts-Plateaux, où nos acheteurs trouvent l'excellente race dite « moutons de Boghar. »

Ces troupeaux ainsi achetés de toutes parts, sont amenés dans les domaines de la plaine du Chélif ; transportés des points éloignés par les voies ferrées ; mais ceux provenant des marchés plus rapprochés ou sans chemin de fer, sont confiés à la garde d'un commis indigène de la ferme, aidé d'autres indigènes requis dans le pays même par l'office du Bureau arabe.

Ces derniers troupeaux sont conduits, à destination de Relizane, par la route de Tiaret, ou sur Inkermann, par la vallée de l'oued Riou ; ceux de Chellala traversent d'abord le plateau du Sersou, puis ils aboutissent, par la route de Téniet-el-Haâd, sur Affreville ; ou bien par la vallée du Nahr-Ouassel et celle de l'oued Sly, sur Malakoff ; ou enfin par la vallée de l'ouéd Riou, sur Inker-mann.

Selon l'allure de la saison et les prévisions d'herbages, les achats se renouvellent un peu partout. de fin novembre à fin février, en vue de doubler, de tripler même les premiers groupements, que la prudence commandait de ne pas faire trop considérables au début de la campagne. Les derniers achats importants sont même prolongés jusqu'en mars, selon l'abondance des pacages.

A partir de ce moment, et toujours suivant l'évolution des herbages, les ventes, les expéditions sur France se succcèdent et s'activent.

Les *prix d'achat* sont évidemment avantageux au début de la campagne, c'est-à-dire fin août, saison où les pacages même secs sont rares et peu abondants. On achète à cette époque les ovins à des prix variant de 10 à 14 francs, selon les chances des marchés et selon qualité, âge et force des sujets. Un mouton acheté dans ces conditions, et revendu gras en mars-avril, laisse le plus souvent un bénéfice brut, en 7 mois, de 9 à 10 francs, laine comprise. Une brebis, avec agneau né en octobre-novembre, les deux bien soignés, peuvent donner un bénéfice supérieur de 12 à 15 francs.

On paie plus cher les bêtes achetées dans la période

d'hiver, et le bénéfice brut réalisé en 5 mois sur leurs ventes en avril-mai semble ne pas devoir dépasser 7 à 8 francs par tête, dans la plupart des cas. Dans les très grandes exploitations toutefois ces bénéfices sont normalement inférieurs de 10 0/0 aux chiffres indiqués ci-dessus, bénéfices que les exploitations moyennes réalisent assez généralement.

Constatons que les propriétés établies aux abords du Chélif, où l'eau coule tout l'été, claire, limpide et abondante, et précisément à cause de cet avantage qui facilite les soins et l'abreuvage, sont les lieux de prédilection des opérations sur bétail. Dans de telles situations, il est possible de maintenir à travers les chaleurs, en bon état de santé et de viande, des troupeaux assez importants, dont la vente est très rémunératrice lors de la pénurie des marchés, à la fin de l'été.

La formation des *troupeaux de l'espèce bovine* s'opère par les achats d'abord, sur les nombreux marchés locaux des meilleures bêtes du pays, puis sur les marchés de l'Ouest oranais (bêtes du Maroc), et enfin, en meilleure race, sur les grands marchés de la Mitidja, Boufarik, Maison-Carrée, où il est possible de faire des groupements importants, soit de jeunes bêtes de 1 à 3 ans, soit de bœufs faits, pour spéculation à brève échéance, à pousser à l'engrais en vue des expéditions sur France. Toutes ces bêtes de bonne race kabyle ou de Guelma, se comportent admirablement dans notre pays et se développent étonnamment après une année passée dans nos pacages, et même après une simple saison d'herbages de printemps. Les *prix d'achats* en jeunes bêtes, taurassins, génisses, petits bœufs, varient de 35 à 100 francs ; et en bœufs de spéculation pour engrais ou pour revendre à la veille des labours, ils jouent de 125 à 160 francs, selon la taille et l'apparence. Les bénéfices bruts réalisés en une campagne de 7 mois sont généralement de 35 à 40 % sur les bêtes jeunes, à cause du croît et de l'engrais ; ils atteignent difficilement 25 à 30 % sur les bœufs formés, à cause de l'engrais et de l'augmentation des cours au moment des labours.

Ces divers troupeaux ainsi réunis prospèrent et engraissent dans nos domaines par la seule vertu de nos pacages naturels, sans aucun appoint de fourrage artificiel, luzerne et autres.

Toutefois, durant les *quelques jours froids et pluvieux du fort de l'hiver*, le matin, avant le départ pour les champs, on les laisse se repaître à quelques meules de paille affectées spécialement à leur usage, et le soir, à la rentrée, on dispose dans les parcs ou dans les étables, de place en place, des quantités de paille.

Même dans la saison hivernale, les troupeaux sont simplement renfermés, la nuit, dans la cour de la ferme ou dans un des parcs extérieurs y attenant et gardés par les bergers. Leur rusticité défie les intempéries ; la salubrité du climat constitue un milieu ambiant peu favorable à l'éclosion des maladies. Les abris, les étables, sont affectés aux quelques bêtes passagèrement fatiguées, puis aux troupeaux de brebis et agneaux, enfin à quelques groupes de bœufs qu'on veut pousser à l'engrais rapide par des rations supplémentaires de fourrage, pour profiter des hauts cours du début de la période des ventes, en février.

C'est pourquoi une *luzernière* de quelques hectares est indispensable dans une exploitation de bétail, outre la disposition d'abondants fourrages naturels, secs ou verts, pour varier et améliorer les rations à donner à l'étable, en cas d'engrais ou de maladies.

Les maladies sont rares, peu accentuées d'ailleurs. L'abri la nuit, une nourriture demi-verte, luzerne mêlée de paille, quelques soins, des breuvages rafraîchissants, ingestions d'huile, d'eau ammoniaquée, lavage des muqueuses à l'eau phéniquée, changement de pacages, viennent à bout des échauffements, des météorisations, du charbon. La jaunisse y est très rare en été avec l'abreuvage en eau saine du Chélif.

Pour la *conduite et la garde* de ces innombrables troupeaux, les grandes exploitations, outre de nombreux indigènes, engagent quelques bergers espagnols spécialisés à cette fonction, et qui sont payés de 35 à 40 francs par mois et nourriture ; les bergers arabes sont des adultes de 15 à 18 ans, non nourris et payés de 15 à 25 francs par mois ; les plus âgés et plus expérimentés, généralement les pères ou frères des jeunes, reçoivent 30 francs ; ils ont droit à quelques indemnités, à des avantages divers à la ferme, autorisation de mêler leurs bêtes personnelles au troupeau du maître, installation de leurs gourbis sous la protection de la ferme, près des parcs extérieurs, attribution de quelques bas produits du jardin.

Certaines grandes exploitations, plus spécialement affectées aux opérations du bétail, réunissent, au début du printemps, jusqu'à 3 et 3,500 bêtes ovines et 4 à 500 bêtes à cornes. Et ces quantités peuvent être considérées comme des minima, dans certaines années favorables, si l'on tient compte de tous les passages des troupeaux successivement formés et vendus durant tout le cours de la campagne de bétail.

Les exploitations moyennes forment leurs troupeaux au printemps, de 500 à 1,000 bêtes à laine et de 100 à 200 bovins, mais le nombre des animaux quelconques nourris sur la ferme, en bonne année et durant toute la campagne, est également supérieur.

C'est dans la région du moyen et du bas Chélif, entre Orléansville et Relizane, que se rencontrent ces intéressantes et considérables entreprises de bétail. Nous devons citer en première ligne : celles de M. Thirion (propriété Casanova), de M. Célestin Dénat (propriété Chamallou), au Merdja ; de M. Gaubert, à Relizane ; puis celles moins importantes de M. Nin (domaine de la Smala), Compagnie Algérienne, à Malakoff ; de M. L. Dillesenger, même lieu ; de MM. Brémond père et fils (domaines de M. Pourcher, à Inkermann) ; de M. Priou, à Taria, près Saint-Aimé ; de M. Sobert, à Relizane.

Chaque année, au printemps, toute cette région ouest de la plaine du Chélif, dont les aptitudes fourragères sont si remarquables, nourrit des centaines de mille de têtes de bétail, et chaque année, en été, on en compterait à peine quelques milliers.

Dans l'espace de 3 mois, du 15 mars au 15 juin, tout s'évacue par de longs et nombreux trains de bestiaux sur Oran et sur Alger, soit pour l'expédition sur France, soit pour la consommation des villes et des régions du littoral, non propices à l'engraissement et à l'élevage en grand.

Dans ces 20 dernières années, de grosses fortunes se sont réalisées par le commerce du bétail. Toutefois nous devons constater que des mécomptes se sont produits depuis 2 ans. Il y a eu peu de bénéfices ; des pertes même ont été quelquefois enregistrées ; heureux ceux qui ont pu joindre les deux bouts.

Cette situation a poussé les moyens éleveurs particulièrement à s'adonner moins ardemment au commerce, c'est-à-dire à l'engrais pur et simple, et à s'appliquer davantage à *l'élevage proprement dit*.

C'est ainsi qu'on remarque depuis quelque temps, dans les bonnes exploitations, maints petits troupeaux de vaches sélectionnées soit parmi les bêtes du pays, soit issues de vaches croisées nées en Algérie, servies par des taureaux de choix, et suitées de jeunes veaux qui ont tous les caractères d'une fort belle race.

Si cette méthode d'élevage reçoit, comme on est en droit de l'espérer, une extension croissante, il en adviendra cet heureux événement de la formation d'une race particulière dans la plaine du Chélif, qui se caractérisera aussi bien par les qualités reçues des croisements d'origine que par la rusticité et la résistance que confèrent à tout bétail et nos herbages et notre climat salubre.

10 Mai 1900.   **Charles POURCHER**
Colon Algérien,
Propriétaire exploitant à Malakoff (Alger)
à Inkermann (Oran).

Alger. — Imprimerie orientale, P. Fontana et Cⁱᵉ, rue d'Orléans, 29. — 6-1900

9 782019 933142